SAMEBI
Mentiras sobre Ansiedad

¿Por qué las personas sufren innecesariamente y qué pueden hacer?

Mentiras sobre **Ansiedad**

¿Por qué las personas sufren innecesariamente y qué pueden hacer?

Programa de autoayuda incluído

SAMEBI

Impreso

1ª edición revisada: noviembre 2023
Titel: Mentiras sobre Ansiedad
Autora: Mercè SPla

Kontakt:
SAMEBI
c/o Peer Fink
Calle Sierra Bermeja 11
11540 Sanlúcar de Barrameda
E-Mail: libros@samebi.net / Facebook: mejorar.ansiedad.depresion

Ilustración
Waltraud Fink, Alemania, 72622 Nürtingen

Exención de responsabilidad
Este libro ha sido elaborado con el máximo esmero. Debe entenderse como una ayuda u orientación y su objetivo es proponer conductas, comportamientos y cambios de pensamientos adecuados con respecto a la ansiedad. Por lo tanto, se espera siempre un uso cuidadoso y responsable por parte del lector. Este libro no puede sustituir el asesoramiento psicológico individual de un psicólogo o médico. El lector puede interpretar de forma individual las propuestas conforme a sus circunstancias particulares y aplicarlas en consecuencia. Por tanto, el lector puede aplicar los contenidos si primero ha pensado en una adaptación y, en su caso, en qué partes, a su situación personal y sus condiciones de vida. No tenemos ningún control sobre este proceso y, por tanto, no podemos asumir ninguna responsabilidad sobre los efectos en el estado del usuario. Se excluye la responsabilidad por negligencia. Si necesita soluciones o ayuda específica u otro tipo de apoyo individual, debe acudir a un psicólogo de confianza. En cuestiones psicológicas, de salud o legales, debe buscarse el asesoramiento de un experto. Si desea recibir ayuda o contactar con un especialista adecuado, puede dirigirse a psicologo@ansiedad-depresion.es en casos de urgencia llame al teléfono gratuito de emergencias 112 si llama desde España o cualquier otro país de la Unión Europea.

Índice

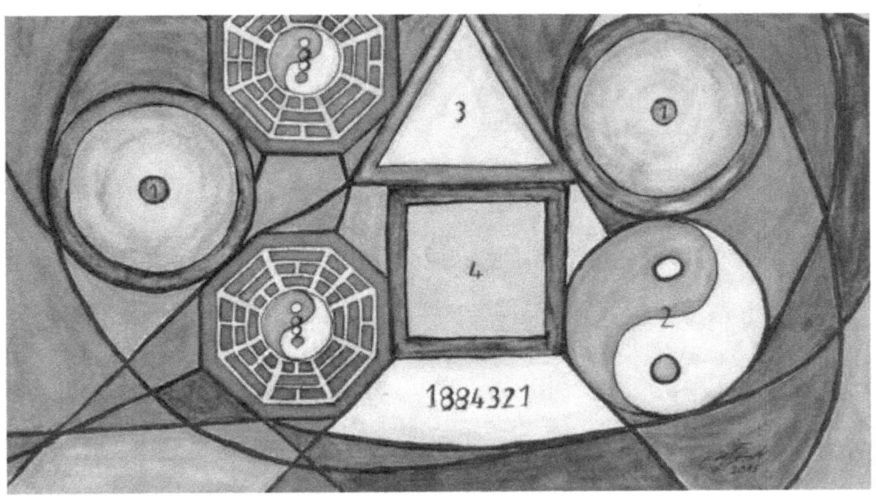

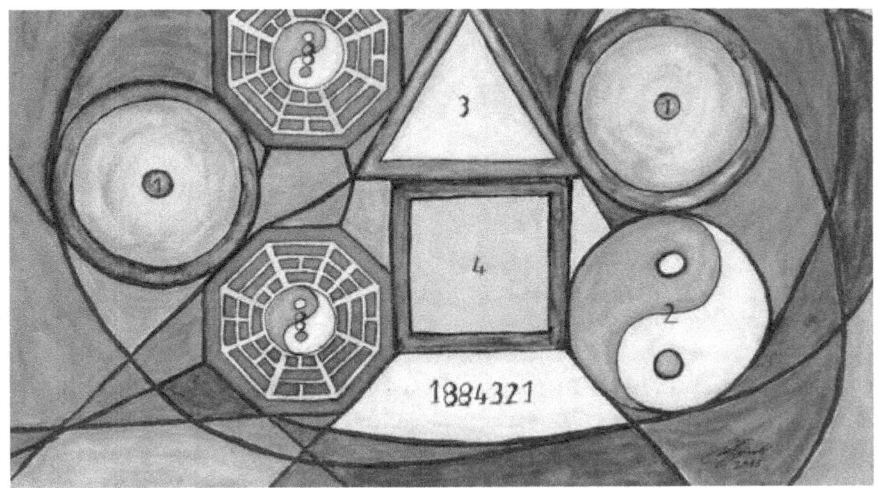

Mentiras sobre ansiedad

El objetivo de este libro es poder ayudar a aquellas personas que padecen ansiedad, en mayor o menor grado, y en sus diferentes manifestaciones. Esta es una propuesta para comenzar el camino hacia el bienestar y una buena calidad de vida.

Aunque hay características generales en el padecimiento de la ansiedad y en sus diferentes trastornos, cada persona puede manifestar de forma diferente los síntomas y cada persona es única en su contexto. Este libro está pensado para mostrar en forma general, diferentes propuestas para la mejoría y el bienestar. Cada uno de los lectores se identificará en unos apartados y no en otros, y seleccionará los ejercicios acordes con su situación.

Afortunadamente, se habla, cada vez más, sobre nuestro malestar emocional, nuestra salud mental o la falta de calidad de vida por problemas psicológicos. Expresar qué nos pasa es un primer paso para empezar a entender qué nos ocurre. Una de las consecuencias más directas sobre el tabú de la salud mental es el desconocimiento de los diferentes trastornos, la convicción de que no se puede resolver y una serie de mitos en torno a ello.

Estos son algunos de los **MITOS** con respecto a la salud mental y la ansiedad:

- Aquellos que sufren de un problema de salud mental no se recuperarán nunca.

INCORRECTO

Con el tratamiento adecuado puede recuperar su salud mental.

- Sufrir un problema de salud mental significa no ser fuerte.

INCORRECTO

La salud mental no es consecuencia de la falta de fortaleza. Pero sí se requiere fortaleza para aceptar y pedir ayuda.

- La ansiedad no es común.

INCORRECTO

Según la OMS un 4% de la población mundial padece actualmente un trastorno de ansiedad.

- No podemos ayudar en nada a calmar a una persona con ansiedad.

INCORRECTO

Existen estrategias para ayudar a reducir la ansiedad

- Tener ansiedad no es un problema.

INCORRECTO

La ansiedad no tratada se cronifica y puede derivar en depresión.

Conocer y resolver nuestra salud mental es nuestro derecho.

La investigación científica avanza y nuevos descubrimientos permiten conocer y mejorar nuestra calidad de vida.
En una época no muy lejana los trastornos mentales se resolvían con cirugía cerebral, como las famosas lobotomías. Después, la farmacología fue reemplazando a esas intervenciones quirúrgicas y

mejorando la calidad de vida de los pacientes con problemas mentales o emocionales.

Desde hace ya un tiempo que la Psicoterapia está dando muy buenos resultados. La Psicoterapia es el tratamiento de colaboración entre psicoterapeuta y paciente para la salud mental y mejora de la calidad de vida. El psicólogo aplica técnicas basadas en la evidencia para poder modificar patrones de pensamiento y conducta que dificultan la vida del paciente. El objetivo es mejorar y superar el malestar psicológico y proveer herramientas para poder enfrentarse en el futuro a nuevas situaciones difíciles.
La efectividad de la psicoterapia con las diferentes terapias basadas en la evidencia, está demostrada científicamente.

La efectividad de los tratamientos farmacológicos en algunos trastornos es un hecho demostrado. Cabe puntualizar que los fármacos no proveen al paciente de las habilidades necesarias para poder resolver por sí solo las dificultades que puedan presentarse en un futuro. A corto plazo, las intervenciones psicológicas pueden ser tan eficaces como los tratamientos farmacológicos. A largo plazo la psicoterapia es más eficaz que los tratamientos farmacológicos por sí solos.

Los tratamientos basados en la medicación tienen el inconveniente de los efectos secundarios como somnolencia, mareos, temblores, náuseas, aumento de peso, entre otros. La lista de efectos adversos va en función del tipo de medicación, duración y de las características del paciente. Los fármacos pueden ayudar a calmar los síntomas pero cuando se deja de tomar las medicación, estos pueden volver. Son comunes los pacientes que llevan medicación de por vida.

¿Por qué cuando una persona acude a su médico por sufrir ansiedad, depresión u otros problemas emocionales no se le deriva inmediatamente al psicólogo? El paciente sale de consulta sin apenas ser escuchado, con un diagnóstico elaborado en unos minutos y con una prescripción farmacológica. A la presión que ejerce la industria farmacológica en el sistema sanitario, se le añade la falta de psicólogos para poder atender a la población y aplicar el tratamiento adecuado. Es importante también resaltar la comodidad que puede resultar tomar una pastilla en lugar de enfrentarse a uno mismo a través de una terapia. Afortunadamente, cada vez hay más conciencia sobre la importancia de un profesional en la salud mental. Sin embargo, todavía queda un largo recorrido para que los usuarios sean derivados a un psicólogo por parte del médico y poder empezar un proceso psicoterapéutico acorde a sus necesidades.

¿Qué pasaría si la sociedad aprendiera a gestionar sus emociones? ¿Qué pasaría si cada uno de nosotros pudiera controlar sus síntomas ante una posible crisis de ansiedad? ¿Qué pasaría si pudiéramos detectar los primeros síntomas de una posible depresión y nos hiciéramos cargo de nuestras vidas? ¿Qué pasaría si nuestra autoestima fuera alta y tuviéramos herramientas para manejar el estrés, una ruptura sentimental o la pérdida de un ser querido? ¿Qué pasaría si la sociedad fuera emocionalmente más madura y se respetaran los derechos de los ciudadanos?

Este libro no pretende sustituir la psicoterapia. Es una propuesta que puede complementarse con el trabajo del psicólogo. Aquí tienes la oportunidad de empezar a trabajar para reducir la ansiedad y tener mejor calidad de vida. Puedes aprender a resolver esas situaciones difíciles que la vida te va presentando como una ruptura sentimental; puedes aprender a vivir con ese pasado doloroso que te lastima; puedes superar la fobia que te limita tu vida diaria. Aprender a conocernos, a escucharnos, a aceptarnos, es un proceso. Con la guía adecuada es posible.

Te invito a que empieces ahora a trabajar por tu salud. Dejar de sufrir ansiedad es calidad de vida, salud mental y también física. Que hoy sea el día 1 de un nuevo comienzo.

Podemos y debemos terminar con el sufrimiento innecesario

Quiero empezar este libro haciendo dos aclaraciones importantes. La primera es la siguiente: TODOS somos susceptibles de sufrir ansiedad. Nadie está inmune. La segunda es: PODEMOS resolver la ansiedad.

Resolver la ansiedad significa aprender a manejar las situaciones que nos producen ansiedad, de modo que nuestra vida no se vea afectada negativamente y podamos llevar una vida diaria con normalidad. Uno de los ejemplos más gráficos es el caso de mi vecina, quien tiene fobia a los perros. Cada vez que se acerca el perro de otro vecino cuando pasea por la calle, siente que pierde el control, empieza a sudar, se aceleran los latidos del corazón, le duele el estómago, siente miedo atroz, no puede pensar en nada excepto en el perro. Antes dará un gran rodeo que pasar cerca de cualquier perro. Un día hablé con mi vecina y me contó que ha logrado establecer en base a su observación, un horario de los perros de los vecinos, de tal modo, que ahora ella sale a pasear solo cuando tiene garantías de que no se encontrará con ninguno. Su vida diaria ahora gira en torno a ese pequeño drama.

Después de un primer ataque de ansiedad, tenemos miedo de sufrir un nuevo ataque. Ese miedo será el disparador de nuevos ataques de ansiedad. Es el MIEDO AL MIEDO. Mi vecina ha llegado a sentir ya el ataque de ansiedad estando en casa, cuando a punto de salir a pasear, temía encontrarse con un perro.

Aprendemos a vivir con ese hándicap. Nos adaptamos, aceptamos el miedo a los perros y decidimos seguir adelante evitando cualquier acercamiento a un perro, siguiendo el ejemplo. Parece fácil de resolver, hasta que un día el miedo se apodera de tal manera de nosotros que ya el simple hecho de salir de casa es un riesgo. Sentimos miedo de que algo nos pueda ocurrir si salimos al exterior y nuestra vida empieza a ser un tormento.

Ante este tipo de situaciones, nuestra familia, nuestros amigos se ven afectados. Todo gira alrededor de ese miedo a salir de casa, a la fobia y a los ataques de pánico, se le sumará la agorafobia. En el caso de mi vecina, ella espera a estar a que no hayan perros para llevar a su hijo al parque. Su mayor temor es que un día su hijo presencie una crisis cuando estén en la calle.

La ansiedad sea cual sea su forma de manifestarse y su intensidad, se puede aprender a manejar. Se trata de trabajar los procesos cognitivos que desembocan en ese miedo, nuestros pensamientos conscientes e inconscientes, entenderlos y cambiarlos. Con técnicas y ejercicios, nuestras cogniciones, pensamientos, formas de pensar, se pueden modificar. Reconocer los síntomas y aprender a controlarlos, forma parte también de ese proceso de aprendizaje para manejar la ansiedad. Una vez logrado, estaremos preparados ante situaciones que nos pondrán a prueba en un futuro.

Cuando logramos que la ansiedad forma parte del pasado, nuestro entorno, hijos, pareja, familiares, amigos, es distinto. El estrés que genera este tipo de padecimiento en el entorno es alto. Tenemos la responsabilidad de trabajar para resolver la ansiedad y permitir que nuestras relaciones vuelvan a la normalidad. Sin ninguna duda, el apoyo familiar y de amistades es fundamental.

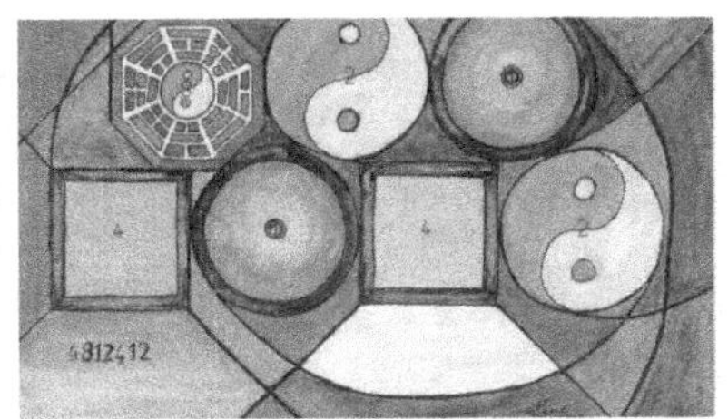

Ansiedad - ¿Un problema común a todos?

La ansiedad es una emoción que todos en algún momento de la vida experimentamos. Sentir miedo, preocupación, es una reacción normal que nos protege haciéndonos más cautos y menos impulsivos, haciendo que valoremos el riesgo de llevar a cabo una acción u otra. El miedo a morir cayendo por un acantilado nos lleva a estar atentos y a no acercarnos al borde del acantilado. Pero cuando la ansiedad te dificulta tu día a día, cuando se da de forma repetitiva durante largo tiempo, entonces, es probable que estés sufriendo de un Trastorno de Ansiedad.

La ansiedad, como trastorno, es más común de lo que sospechamos. Ansiedad junto con depresión es una de los trastornos más comunes. Según datos del Ministerio de Sanidad publicados en diciembre de 2020 el problema de salud más frecuente registrado en atención primaria es el trastorno de ansiedad que afecta al 6,7% de la población con tarjeta sanitaria.

Lo primero que debemos hacer es no sentir vergüenza por sufrir ansiedad. Aceptarla, mirarla de frente y actuar para combatirla. Esa es la clave. Mira a tu alrededor, quizás puedas ver más gente de la que pensabas sufriendo de ansiedad. Si nos atreviéramos a contárnoslo, descubriríamos que no estamos solos, que somos muchos.

En demasiadas ocasiones cuando decidimos actuar es cuando ya llevamos sufriendo la ansiedad durante años. Empieza ahora, no dejes pasar más tiempo.

Una de las principales causas de ansiedad es el **ESTRÉS**. Nuestra sociedad cada vez está más abocada a un ritmo creciente de estrés. Bien por razones laborales, bien por razones sociales, familiares e incluso educativas. El ritmo lento, calmo y tranquilo de generaciones pasadas queda cada vez más lejos. Párate un momento, toma aire, respira, siente el placer de la calma y sigue adelante, pero a partir de ahora, toma las cosas con más calma, y no te olvides de respirar.

¿Qué es la Ansiedad?

La ansiedad es la anticipación de una amenaza futura. Es la emoción del miedo la que nos puede provocar ansiedad.

Según la RAE, Real Academia Española, se define Emoción como una alteración del ánimo intensa y pasajera, agradable o penosa, que va acompañada de cierta conmoción somática. La emoción es, por tanto, una respuesta psicofisiológica, es decir, significa que nuestra psique, pensamientos y emociones, provoca una respuesta física.

De acuerdo con el psicólogo Paul Ekman, pionero en el estudio de las emociones, las emociones básicas son seis: miedo, asco, tristeza, ira, sorpresa, felicidad y amor. Cada una de estas emociones tiene una expresión facial diferente.

La emoción del miedo nos ayuda a ponernos en alerta ante situaciones de peligro. La amenaza de un animal peligroso hará que huyamos o la amenaza de una fuerte tormenta en el campo hará que busquemos refugio. Esa emoción de miedo nos produce aceleración del ritmo cardíaco, tensión muscular y atención visual.

En el caso de la ansiedad, la emoción que la genera es el MIEDO y sus diferentes respuestas fisiológicas pueden ser dolor de cabeza, dolor de estómago, sudoración, aceleración del ritmo cardíaco, mareo, tensión muscular, dificultad respiratoria, entre otros. La consecuencia de lo que pensamos y sentimos es una nueva organización de los distintos sistemas biológicos, como expresiones faciales, músculos, voz, una actividad del Sistema Nervioso Autónomo y del Sistema Endocrino y finalmente, una respuesta de comportamiento. En el caso del miedo, ese comportamiento puede ir desde una mayor concentración en la actividad que nos produce miedo, como ante un exámen hasta un comportamiento evitativo, como abandonar la actividad que nos produce miedo.

La ansiedad es el estado emocional producido por el miedo. Gracias a esa respuesta el ser humano ha sobrevivido a innumerables amenazas a lo largo de su historia. Como la presencia de un animal salvaje.

Peligro → Amenaza → Tensión muscular, agudeza visual, aceleración ritmo cardíaco → HUÍDA o LUCHA

Normalmente hay una relación proporcional entre el peligro, real o imaginario, y la ansiedad. A veces, podemos reaccionar ansiosamente por encima de lo normal en momentos puntuales de la vida. Por ejemplo, la ansiedad que nos puede generar ante la idea de hablar en público, empezamos a sentir dolor de estómago, las manos nos tiemblan, se acelera el ritmo cardíaco. Ello también nos ayudará a estar más concentrados y a no relajarnos. Este tipo de ansiedad es benefactora.

Pero ¿qué ocurre cuando se da una respuesta desproporcionada ante una situación, una ansiedad que nos desborda, no podemos manejar?, ¿qué ocurre cuando esa ansiedad es repetitiva, crónica? Cada vez que me levanto de la cama siento miedo, miedo a no poder realizar mis actividades correctamente, me levanto con las manos sudorosas, con la respiración agitada y con tensión muscular. Mi vida empieza a ser difícil. En ese momento, podemos hablar de ansiedad como trastorno de ansiedad. En muchas ocasiones, son años sufriendo de ansiedad, la desesperanza y el desánimo se van apoderando y finalmente, la depresión aparece.

Miedo ante amenaza imaginaria → Ansiedad: tensión muscular, agudeza visual, aceleración ritmo cardíaco, dolor de estómago, mareo,...→ Dificultad para realizar las actividades de la vida diaria → Desánimo, desesperación, → Depresión.

Síntomas de la Ansiedad

Los síntomas característicos de la ansiedad pueden variar. Cada uno de nosotros responde de diferentes maneras cuando siente ansiedad. Además, una misma persona puede manifestar diferentes síntomas. En el caso de que se den tres o más de los síntomas siguientes durante al menos 6 meses, podríamos estar ante un trastorno de ansiedad.

- Irritabilidad
- Dificultad de concentración
- Fatiga
- Tensión muscular, incapacidad de relajarse, dolores musculares
- Insomnio o sueño inquieto
- Inquietud o impaciencia

Otros síntomas que suelen darse en el caso de ansiedad son:
- Dolores estomacales, dolores en el pecho
- Temblores
- Sudoración
- Dolores de cabeza
- Sofocos o escalofríos
- Respiración agitada
- Dificultad de concentración o quedarse con la mente en blanco
- Boca seca o dificultad para tragar
- Nauseas o Mareos

Tener uno de estos síntomas no significa con seguridad que estemos pasando por una crisis de ansiedad. Es importante remarcar que para diagnosticar de ansiedad se deben dar varios de estos síntomas durante un período de al menos 6 meses.

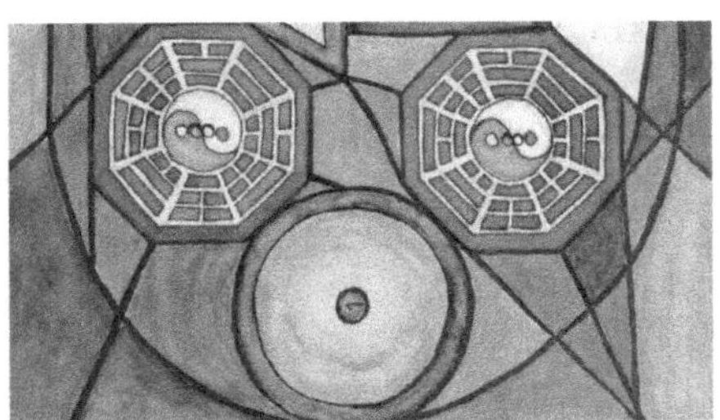

Tipos de Trastornos de Ansiedad

Hay diferentes tipos de trastornos de ansiedad. Cada trastorno de ansiedad tiene unos síntomas específicos. Hay algunos síntomas que son comunes a los diferentes tipos de ansiedad. Lo que determina si es un tipo de trastorno de ansiedad u otro, no son los síntomas sino a QUÉ se teme.

En todos hay una constante, un TEMOR irracional y excesivo, aun cuando la persona sabe que es excesivo y aun cuando la causa que lo generó ya no está presente.

Ese temor produce un gran ESTRÉS y los síntomas pueden variar. La ansiedad produce dificultad en la vida diaria, en el trabajo y en las relaciones familiares. Algunos de los síntomas más comunes son dolores abdominales, dolores de cabeza, insomnio, tensión muscular, dificultad para respirar, taquicardia e irritabilidad.

Los diferentes Trastornos de Ansiedad son: Trastorno de Ansiedad Generalizada, Trastorno de Pánico, Agorafobia, Fobia Social, Fobia Específica, Trastorno de Ansiedad por Separación y Mutismo Selectivo.

Trastorno de Ansiedad Generalizada

El Trastorno de Ansiedad Generalizada (TAG) se da cuando hay una EXCESIVA PREOCUPACIÓN, frecuente y persistente y difícil de controlar. El TAG se desarrolla lentamente. Generalmente, comienza en la adolescencia. Los síntomas pueden mejorar o empeorar en distintos momentos, y empeoran en momentos de estrés.

Los síntomas más comunes suelen ser inquietud, fatiga, dificultad de concentración, irritabilidad, tensión muscular y problemas de sueño. La ansiedad causa malestar o deterioro en lo social, laboral u otras áreas del funcionamiento.

El Trastorno de Ansiedad no es la ansiedad que se pueda sufrir en un momento determinado. Son preocupación y tensión crónicas aunque no haya una razón aparente que pueda justificarlo. Ideas preocupantes sobre la salud, el trabajo, el dinero en forma excesiva que puede llevar al punto de no querer ni salir de casa. Puede darse que una sola idea preocupante genere ansiedad, como el miedo a tener un accidente si salgo de casa, pero también puede darse varias ideas preocupantes al mismo tiempo. En ocasiones la persona ni sabe a qué tiene miedo.

Trastorno de Pánico

En el Trastorno de Pánico se dan inesperados y recurrentes ataques de pánico. El ataque de pánico es la aparición SÚBITA de MIEDO INTENSO o malestar intenso durante unos minutos. Puede aparecer desde un estado de calma o un estado de ansiedad.
Se produce al menos cuatro de los siguientes síntomas: palpitaciones o taquicardia, sudoración, temblores, dificultad de respiración, la sensación de ahogo, dolor en el tórax y náuseas o malestar abdominal, mareo o desmayo, escalofríos, hormigueo, sensación de irrealidad o sensación se separarse de uno mismo, miedo a perder el control, miedo a morir.

La preocupación por sufrir nuevos ataques de pánico puede provocar un nuevo ataque de pánico. Podemos sentir temor de estar solos y que nadie nos pueda ayudar a superar el ataque, temor de morir como consecuencia de un ataque.
Las causas se desconocen, pero el trastorno de pánico a menudo ocurre cuando no hay ningún antecedente familiar.
El trastorno de pánico es más común en las mujeres que en los hombres. Largos períodos de estrés podrían ser un factor desencadenante.

Agorafobia

La Agorafobia es el miedo o ansiedad que aparecen siempre respecto a dos o más situaciones agorafóbicas, como viajar en un autobús, hacer cola en un lugar muy concurrido de gente, un espacio cerrado como un ascensor o uno abierto como la calle, o estar solo fuera de casa. Situaciones que se evitan o se realizan si se va acompañado o solo pero con un intensa ansiedad o miedo.

La persona teme o evita esas situaciones por miedo a no poder huir de ellas o por miedo a no poder recibir ayuda si la precisa o miedo a ser motivo de vergüenza.

Fobia Social

La Fobia Social es el miedo intenso a ser juzgado, avergonzado, humillado. También se da de forma anticipatoria, solo pensar en el miedo que voy a sentir ya siento temor. El miedo puede darse incluso en situaciones triviales como comer en un restaurante. La mayoría de las personas saben que no deberían sentir miedo pero no lo pueden evitar.
La timidez es una forma atenuada de fobia social, y una gran mayoría que lo sufre, logra disimularlo.
En el trastorno de fobia social sufrimos de ansiedad anticipatoria a la exposición en público, incluso semanas antes.
La mayoría de las personas que tienen fobia social saben que no deberían sentir el miedo que sienten, pero no lo pueden controlar.

Sudoración, tartamudeo, palpitaciones y dificultad de respirar suelen ser síntomas característicos de quienes sufren Fobia Social. Los temores más característicos son: temor ser juzgado o criticado por los demás; temor a ser visualizado como ansioso, débil, raro, loco; Temor a no saber comportarse de un modo adecuado o competente; temor a la evasión total de un evento social, aislamiento; Temor a manifestar síntomas de ansiedad.

Fobia Específica

Fobia específica es cuando se da un miedo o ansiedad intenso y persistente, después de la aparición de un objeto o situación específica y como resultado de ello se evita o se soporta con gran ansiedad. El tipo de estímulo fóbico puede ser un animal, suele ser frecuente cucarachas y arañas, también la sangre y las agujas o un entorno natural como la tormenta, volar, las alturas…

Para que se pueda diagnosticar de fobia social, el miedo ha de estar presente como mínimo 6 meses.

Trastorno de Ansiedad por Separación

El Trastorno de Ansiedad por Separación es el miedo o ansiedad intensos y persistentes producidos por la separación de una persona con la que le une un vínculo estrecho. Se da una gran preocupación, malestar psicológico subjetivo, rechazo a quedarse solo en casa o ir a otros lugares y/o pesadillas o síntomas físicos ante la separación de esas personas o a su anticipación. El miedo, la ansiedad o la evitación deben estar presentes al menos 6 meses (4 semanas en niños y adolescentes).

Mutismo Selectivo

El Mutismo Selectivo es la incapacidad persistente de hablar o responder a otros en una situación social concreta en la que se entiende que debe hacerse, aunque pueda hacerlo sin dificultad en otras situaciones diferentes. Esa incapacidad debe de estar al menos 1 mes.

Además de estos diferentes trastornos de ansiedad cabe mencionar también el Trastorno de Ansiedad inducido por Sustancias o Medicación, el Trastorno de Ansiedad debido a otra Enfermedad Médica y el Trastorno de Ansiedad No especificado.

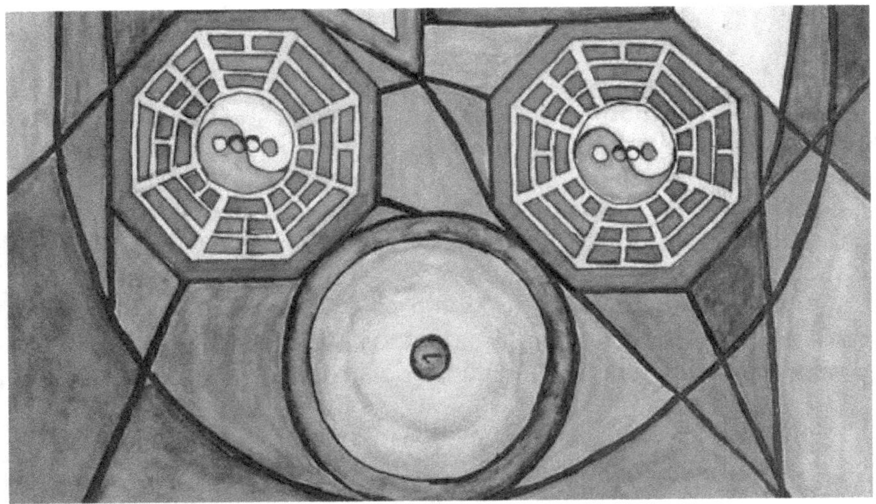

Los 3 factores originarios de ansiedad

Tres importantes factores pueden estar detrás de un Trastorno de Ansiedad no necesariamente los tres:

>   **Factor de vulnerabilidad**
>   **Factor desencadenante**
>   **Factor recompensa**

Factor de vulnerabilidad - Ser vulnerables nos hace estar expuestos a situaciones estresantes con menos posibilidades de manejo.

Los que tenemos **TENDENCIA** A LA **PREOCUPACIÓN** más de lo común y los que tenemos tendencia a sentirnos culpables, tenemos más probabilidad de sufrir un trastorno de ansiedad ante situaciones estresantes. Tal es el caso de una madre que se preocupa cada vez que su hija llega a casa tarde. El día que el retraso es considerable, quizás por un problema de tráfico, la preocupación se convierte en dolores de cabeza y angustia.

Aquellos que por una **AUTOESTIMA BAJA** o **INSEGURIDAD**, dependen emocionalmente de otros, son también más proclives a sufrir ansiedad que los que tienen una autoestima alta y son personas seguras y con alta confianza en ellos mismos.
Es esencial trabajar la autoestima y la confianza en nosotros mismos. De ese modo, nuestra seguridad nos ayudará a lidiar mejor con las situaciones complicadas de la vida. Por ejemplo, tener un jefe en el trabajo que constantemente nos cuestiona y nos pone en evidencia al menor error, será mucho menos estresante si confiamos en nosotros mismos y nos damos cuenta que buena parte de las críticas de ese jefe se deben a sus propias inseguridades. Si esas críticas nada constructivas se prolongan en el tiempo y nosotros nos sentimos empequeñecer y nos culpamos por ello, un día explotamos y terminamos generando un cuadro de ansiedad.

La falta de flexibilidad en nuestros razonamientos, tendencia a la perfección, pensamientos de dicotómico (tod es o blanco o negro), fuertes creencias incuestionables,...y otras características de personalidad son más condicionantes a generar ansiedad.

Factor desencadenante - Generalmente, existe un factor importante desencadenante, una situación de estrés o trauma, que es el causante de un trastorno de ansiedad. Podría ser el ejemplo de un accidente de coche. El trauma que nos causó ese accidente desembocó en un brote de ansiedad. Y a partir de ese momento, la idea de volver a subir a un coche nos produce pánico.
El factor desencadenante puede ser también unos cuantos pequeños factores desencadenantes que poco a poco nos va minando y al final la ansiedad aparece. El ejemplo podría ser el estrés crónico de baja intensidad causado por una relación de pareja deteriorada, en la que las discusiones, peleas, reclamos y reproches forman parte del día a día durante meses o incluso años. Finalmente, el cuerpo no puede más y protesta generando un trastorno de ansiedad.
A veces es difícil saber si las vivencias han sido buenas o malas, y no se puede reconocer el factor desencadenante. Un ejemplo clásico es la llegada del primer hijo en un matrimonio. Es una gran bendición para la pareja pero al mismo tiempo, no encuentran el momento íntimo para ellos y la prioridad del recién nacido va creando una brecha. Satisfechos por el hijo, se sienten cada vez más infelices.
En muchas ocasiones, los recuerdos del pasado no están presentes, los apartamos inmediatamente de nosotros por el dolor que nos causan. Es el caso por ejemplo de la violación de una niña por su tío con la complicidad de la familia que no quiere aceptar ese cruel hecho y decide mirar para otro lado. Esa niña aprenderá a guardar y olvidar ese dolor. Un día cuando ya es adulta, una vivencia poco significativa, como ver una película, le devuelve todo el dolor que tenía guardado y genera un cuadro de ansiedad.

Factor recompensa - El factor recompensa significa que la causa por la que tenemos ansiedad es porque nos produce una recompensa. Es algo difícil de imaginar. Pero si deducimos algún beneficio, el hecho de sufrir ansiedad puede que sea más visible. No significa que conscientemente uno se provoque la ansiedad para lograr ese beneficio pero sí, de forma inconsciente. Podrías ser el ejemplo de un hijo que siente que se le está retirando el afecto y la protección porque ha nacido un hermano. El estrés que le produce esa situación le provoca dolores de estómago y dolores de cabeza.

Rápidamente los padres empiezan a ocuparse de él en forma prioritaria y él siente que vuelve a tener el mimo de sus progenitores.

Incluso entre los adultos puede darse el factor de recompensa. Por ejemplo, un marido que va todos los domingos a jugar a tenis mientras su mujer se queda en casa esperando a que termine. Cada domingo termina un poco más tarde y al final, los domingos significan para la mujer estar en casa esperando nada. Un día empieza a sentirse mal y él cancela su tenis para poder ocuparse de ella. Con el tiempo sin ser ella consciente, los domingos es el día que ella se encuentra mal. Ante el temor de que él salga de nuevo a jugar, la ansiedad se apodera de ella.

Poder observar y darse cuenta de algún beneficio en nuestra ansiedad, si lo hay, no es tarea fácil. si lo logras tendrás mucho ganado.

Podemos tener factores de vulnerabilidad y sin embargo, no llegar a sufrir ansiedad. Pero cuando surge el factor desencadenante, nos ayudará no tener factores de vulnerabilidad.

Conocer las causas o los factores que pueden estar detrás de nuestra ansiedad es un gran avance en el camino a superarla.

¿Por qué hay más mujeres que hombres que sufren ansiedad?

El número de mujeres que sufren ansiedad es superior al de hombres. La prevalencia de ansiedad en mujeres es del orden del 5% y del 3% en el caso de los hombres, según la OMS.
Los factores causantes de esta diferencia son varios. Todos ellos tienen como origen la discriminación de la mujer.

Aunque la igualdad está cada vez más cerca, aún quedan muchas conductas claramente discriminatorias en diferentes ámbitos. Los roles otorgados a la mujer por la sociedad repercute en su salud mental. Amas de casa, cuidadora de la familia, cuidadora de pacientes, trabajadoras en condiciones laborales de discriminación, relación de pareja no igualitaria, etc. Una baja autoestima de base que queda maltrecha por situaciones de la vida diaria difíciles.

Demasiadas veces el abuso de la mujer en las relaciones de pareja es una realidad, y esto puede ser un factor desencadenante de ansiedad y depresión. La mujer sometida, manipulada, ninguneada, maltratada termina desbordada, al límite, y la ansiedad y la depresión aparece como única vía de escape a una situación insoportable.

El rol de cuidadora lleva a una sobrecarga física y emocional. Los sentimientos de miedo, impotencia, responsabilidad, inseguridad y ansiedad se traducen en términos de estados depresivos e irritabilidad. El cuidado de la familia queda, en muchas ocasiones, para las mujeres, como si fuera un deber natural. El estrés que produce el cuidado de un familiar enfermo o ser la única cuidadora de la prole, puede ser un importante desencadenante de trastornos ansiosos y depresivos.

Todavía, mayormente, las mujeres son quienes asumen las tareas del hogar, aún trabajando fuera de casa. En general, no se considera que cuando las mujeres salen a trabajar, ello implica un cambio en las dinámicas del hogar y no se reparten equitativamente las tareas domésticas y el cuidado de los hijos. A la jornada laboral se le suma, atención de los hijos, limpieza del hogar y otras actividades.

Difícilmente esa mujer tendrá tiempo para el autocuidado y probablemente el estrés sea inevitable.

La discriminación de la mujer en el lugar de trabajo es aún una realidad. Las mujeres suelen realizar las tareas menos incentivadoras, de menor promoción. El techo de cristal está todavía marcando una diferencia entre los profesionales cualificados según sexo. En muchas empresas, las operarias tienen sus derechos laborales secuestrados. Las mujeres trabajadoras cobran menos que los hombres por el mismo trabajo. Sufren en mayor medida abusos laborales. Cuando tienen un hijo hay muy poco apoyo por parte de la empresa.

Cuando la mujer acude al médico agotada, estresada, con síntomas ansiosos y depresivos, en muchas ocasiones, no encuentra en el profesional el soporte emocional necesario. Incluso, en ocasiones, se las tilda de histéricas. La prescripción no suele ser disminuir el ritmo de trabajo, trabajar la autoestima, hacer terapia, incentivar el autocuidado o algo mucho más sencillo pero efectivo, escucharlas. La prescripción médica generalizada es un fármaco, un ansiolítico o antidepresivo. Esa pastilla que hace el milagro de que la mujer pueda seguir con ese ritmo y ese estrés, mientras su salud se deteriora a pasos agigantados.

Es a partir de la adolescencia cuando empieza a haber diferencias significativas entre el número de casos de mujeres y hombres que sufren depresión y ansiedad. En torno a los 40 años de edad, la diferencia es del doble de depresión en mujeres que en hombres. Es muy significativo el hecho de que a partir de la adolescencia se empieza a producir la diferencia. En ese período de crecimiento la discriminación de las mujeres empieza a producirse. Trastornos de ansiedad y depresión, trastornos alimentarios y otros trastornos emocionales se da en mayor medida entre las jóvenes estudiantes.

Cabe puntualizar también que muchos hombres con depresión no están diagnosticados. Al hombre le cuesta más reconocer el trastorno mental y pedir ayuda. Socialmente, sufrir algún trastorno mental se asocia con pasividad, debilidad, falta de seguridad, necesidad de apoyo afectivo, baja autoestima, indefensión e incompetencia. Sufrir un trastorno mental no comulga bien con los ideales masculinos de fortaleza y éxito.

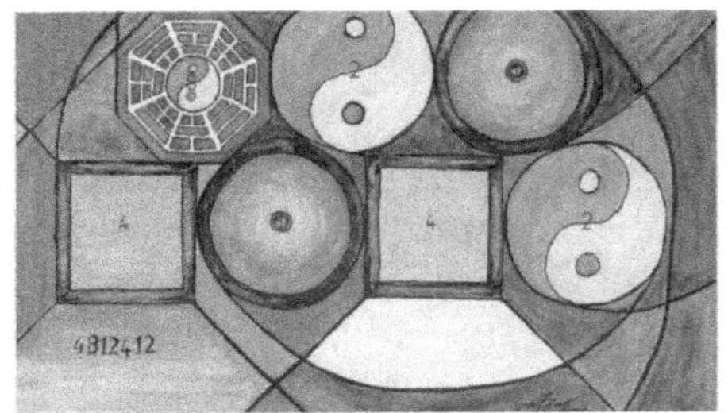

Aceptar el Problema

La sociedad suele ser sentenciosa con las enfermedades psicológicas. Cualquier otra opción parece mejor que la humillación de tener un trastorno psicológico. Afortunadamente, esta visión está cambiando y cada vez más se habla en los espacios público de salud mental

Muchas personas no consideran que sea una enfermedad sino una forma de ser. "Se muestra siempre irritable pero es su carácter" o "Tiene tendencia a llorar porque es muy emocional". Detrás de muchas situaciones de este tipo se puede esconder una situación de alto estrés o de estrés crónico o una falta de autoestima por falta de cariño en la niñez, por ejemplo.

Tratar un problema psicológico como un problema físico, a través de un fármaco, dificulta las posibilidades de curación. Los efectos secundarios del medicamento pueden repercutir en la salud del paciente.

El ejemplo siguiente puede servir como ilustración. Una señora fue al médico porque tenía un fuerte dolor de espalda. El médico le prescribió analgésicos. Al cabo de una semana de la toma del medicamento, a los dolores de espalda se le sumaron dolores de barriga y dolores de cabeza. Se incrementaron las dosis del analgésico. Como no resolvía el problema fue visitando más médicos, especialistas. Cuando su médico ya no sabía cómo ayudarla, se le ocurrió derivarla a un psicólogo. El profesional en salud mental diagnosticó un cuadro de ansiedad, a partir de una situación estresante en el trabajo más el estrés de todo un año deambulando de médico en médico. En unas semanas de psicoterapia empezó a dejar los analgésicos y al cabo pocos meses, empezó a recuperar su vida anterior.

Generalmente, nos resulta más aceptable que nos diagnostiquen de una enfermedad física que de una mental. En nuestro interior está la creencia de que no somos responsables de una enfermedad física, como por ejemplo un cáncer. Sin embargo, sí nos sentimos responsables de una dolencia mental u emocional. "Me han diagnosticado depresión. En realidad soy floja, debo poder resolverlo yo misma, no necesito ayuda". Y no solamente nosotros mismos nos hacemos responsables y nos juzgamos por sufrir un problema emocional, sino que también lo hace el entorno. "Estás enferma porque quieres" "Sal de casa y haz amigos y verás como se cura todo" "Si fueras más valiente, no tendrías miedo de salir de casa". Comentarios nada beneficiosos.

No existe una única solución a la enfermedad psicosomática. No existe una única respuesta porque no existe una única causa. A veces basta con conocer qué objetivos persigue la enfermedad. Si la enfermedad parece que está ayudando a resolver el problema de la soledad, entonces hay que tratar esa soledad y la enfermedad desaparecerá. También sirve ver cuál es el beneficio que genera y tratarlo. Podrá ser el ejemplo que alguien sufre de trastorno de ansiedad y gracias a esa enfermedad logra que la pareja esté pendiente y se ocupe de que nada le falte. O, puede que el problema esté en la inadecuación de las respuestas a los mensajes que envía el cuerpo. Nos olvidamos de escuchar el cuerpo, dolores de espalda, dificultades para dormir, falta de concentración…algo no está pasando y deberíamos parar y reflexionar. ¿Qué me está pasando?

ACEPTAR el problema es parte de la solución. Pedir ayuda no debe darnos vergüenza. Hay que hablar con un profesional de la salud y permitirnos aceptar nuestra vulnerabilidad. TODOS somos vulnerables ante determinadas situaciones.

Personalidades proclives

Los que tenemos tendencia a preocuparnos o a sentirnos culpables, tenemos más probabilidad de sufrir un trastorno de ansiedad. También las personas con inclinación a ser muy dependientes de los demás y de quienes ven al otro como personas de éxito y poderosas y a sí mismas como individuos indefensos e inútiles.

Según nuestra personalidad tendemos a comportarnos de un modo determinado u otro ante situaciones de la vida diaria:

Perfeccionista

Quizás eres el tipo de persona perfeccionista. Puedes pasar horas en una actividad sencilla, para asegurarte de que lo has terminado perfectamente. Si queda algún detalle por corregir, aunque no sea importante, no te sientes cómodo y no descansas hasta que lo corriges. Por ejemplo, en el trabajo revisas varias veces un email antes de enviarlo hasta que no quede ningún error, ni una coma mal puesta, a pesar de que no es importante que contenga errores porque es una comunicación interna de la empresa. Una vez lo das por válido, lo vuelves a revisar varias veces porque temes que aún haya un pequeño error.

Intolerante a la Incertidumbre

La gente con ansiedad parece alérgica a la incertidumbre. Puede que te sientas con ansiedad cuando no estás 100% seguro de ti mismo, de otros o del futuro. Como consecuencia de ello, llevarás a cabo conductas con el objetivo de perseguir la certidumbre y encontrar la seguridad absoluta. Algunos ejemplo, son los siguientes:
Un excesivo control para estar seguro de que la decisión que vas a tomar es la más adecuada, como la compra de unos pantalones. Pedirás a varias amigas que te aconsejen bien qué pantalón te

conviene, le preguntarás a la dependienta y después de todo, seguirás dudando.

Llamar varias veces al día a tu hijo para asegurarte de que esté bien. Siempre está bien pero al cabo de unas horas temes que algo le pase y vuelves a llamar.

No ir al supermercado si te has olvidado la lista de la compra en casa. A pesar de que necesitas urgentemente algunos productos, desistes de hacer la compra porque no llevar la lista te produce inseguridad.

No querer delegar en otros porque temes que no lo harán tan bien como tú. Solo puedes estar tranquilo si tú lo haces personalmente. Incluso tareas nada difíciles como hacer fotocopias en el trabajo o enviar un fax. Aunque esas pequeñas tareas te retrasen, no puedes dejar que otros las hagan por ti.

Evitativo

Quizás eres de las personas que evita relaciones o situaciones para no tener que enfrentarse a situaciones incómodas. Por ejemplo, una persona que se siente incómoda ante personas desconocidas y decide no acudir a una fiesta. Quiere evitar la situación de tener que charlar y ser sociable con extraños. En lugar de enfrentarse, arriesgarse y exponerse ante los demás, decide no acudir a ese evento. Hubiera sido una buena oportunidad para desarrollar las habilidades sociales pero el temor a creer que podía hacer el ridículo, le impide enfrentarse. Otros ejemplos, es el de la persona que teme viajar en tren y en lugar de tratar de resolver ese temor, opta por nunca tomar un tren. Evito el tren y creo tener resuelto mi temor.

Hacer que otros decidan por ti

Puede que tu intolerancia a la incertidumbre te lleve a esperar que otros decidan por ti. Si tomas una decisión, tendrás el riesgo de equivocarte y de que los demás te hagan responsable de ese error. Esa idea te bloquea. La forma que has decidido resolverlo es no ser nunca el que toma las iniciativas. No hacer propuestas ni decidirse. Aceptar las propuestas de los otros. Los otros serán los que se arriesgarán a equivocarse. Por ejemplo, en una relación de pareja, el marido es el que hace que los otros decidan por él. Nunca propone qué hacer el fin de semana. Ante las propuestas de la mujer, él acepta todas, no sugiere, no condiciona, no pregunta. Todo le parece bien. La mujer decide viajar ese fin de semana y algo no sale bien, la lluvia impidió disfrutar de la playa. El hombre se alegra de no haber tomado él la decisión, él cree no tener ninguna responsabilidad de que saliera mal el fin de semana.

Ocupado

Una forma común de evitar las ideas preocupantes y de no sentir la angustia, es estar siempre en acción, estar siempre haciendo algo. Una tarea detrás de otra sin parar. Por ejemplo, una mujer que se levanta a las siete de la mañana y empieza su actividad diaria, la casa, los niños, la cocina, la compra...Cada vez que tiene un tiempo libre en el que podría descansar y sosegarse, se lanza a limpiar algún mueble o algún objeto. Cuando llega la noche, se acuesta en la cama rendida después de un día frenético. Esa hiperactividad en realidad esconde la angustia de los pensamientos recurrentes que tiene cada vez que se para a pensar. Los miedos que no la dejan descansar. Otro ejemplo, es el de un marido que después de largas jornadas de trabajo en la oficina, se dedica a una actividad solidaria y llega tarde a casa todos los días. Su vida no es la vida que él quisiera, la convivencia con su mujer es cada día más difícil y no soporta las demandas de sus hijos. En lugar de aceptar esa realidad, se engaña a sí mismo y se llena la agenda todos los días de la semana.

Estos son los 5 tipos principales de personalidad, de tendencia a comportarnos ante situaciones determinadas, difíciles o no. Todas ellas esconde un problema de fondo. Quedarse con la frase "Yo soy así, no puedo evitarlo" no es precisamente resolutivo.
Primero de todo es darme cuenta de cuál es mi tendencia o mi forma de no enfrentarme a los problemas. Después, tener muy claro que puedo cambiar. Puedo dejar de ser evitativo o ser el que se llena la agenda con actividades.
Lo que es cierto es que esconderse, negar, desviar el problema, no hará que desaparezca. Al contrario, el problema crecerá. Es ahora que debes empezar a abrir los ojos y cambiar.

La Resiliencia

La resiliencia es la capacidad para adaptarse, superar una situación difícil y salir fortalecido. Las personas con resiliencia también sufren miedo ante situaciones determinadas pero logran sobrellevarlo. Superar esos miedos hace aumentar la autoestima y como consecuencia de ello, mejora la resiliencia.
Situaciones difíciles, como la muerte de un familiar, una guerra o problemas económicos, puede llevarnos a vivir momentos muy dolorosos, pero no todos nos recuperamos con la misma rapidez y facilidad. Incluso hay quienes terminan en un cuadro de depresión o ansiedad. Esta capacidad de adaptarse a la nueva situación se puede aprender con esfuerzo y tiempo.

La resiliencia no es una característica que la gente tiene o no tiene. Son conductas, pensamientos y emociones que se pueden entrenar para adaptarse. Te puedes ENTRENAR para ser RESILIENTE.

Las personas optimistas suelen tener una resiliencia más alta. Las personas con flexibilidad mental y emocional también tienen una resiliencia alta. Ante una situación difícil la visión optimista y realista ayuda a sobrellevarla. Ver el medio vaso lleno es una buena estrategia. Si perdemos una casa en un incendio, podemos tranquilizarnos al saber que en el fondo lo importante es que estamos todos bien. Si hemos perdido un ser querido en un accidente, después de un tiempo importante de duelo por la pérdida, nos sobrepondremos aceptando que la muerte forma parte de la vida y merece la pena vivirla intensamente, felizmente y con amor. Se trata de reestructurar los esquemas mentales para poder adaptarse, llevar la nueva situación y volver a sentir alegría por la vida en su día a día.

Ayuda enormemente a tener resiliencia los Amigos y la Familia. Si hemos cultivado buenos amigos y hemos cuidado las relaciones familiares, en situaciones difíciles y dolorosas podremos apoyarnos en ellos. Ellos nos ayudarán a ser más fuertes y después podremos nosotros dar apoyo cuando ellos lo necesiten. Si no tienes un buen grupo de amigos íntimos o buenas relaciones familiares, este es el momento de empezar a cultivar buenos amigos y mejorar los lazos con la familia.

ACEPTAR y a partir de ahí, sobrellevar y crecer. Si acepto que mi pareja ha decidido separarse, podré antes empezar una nueva vida. La situación de estrés que conlleva una separación u otras situaciones, son menos dañinas si las aceptamos.

Una vez hemos podido aceptar esa nueva situación, en la que nada volverá a ser como antes, nos ayudará darnos cuenta que podría haber sido peor. Nos ayudará reconocer aquellos que viven una situación peor que nosotros y eso nos hará valorar que nuestra situación no es tan mala. Me diagnosticaron una enfermedad terrible pero veo en el hospital pacientes demasiado jóvenes para esa lucha. Abriendo mis ojos percibo que no es tan terrible mi dolor y que debo sobreponerme y empezar a vivir.

La adversidad ayuda a madurar como persona. Lograr superar una situación difícil o traumática no solamente nos hace más fuertes sino mejores. Hay un crecimiento emocional exponencial, entendemos un poco más la vida. Entendemos un poco más a los otros.

Escribir sobre lo que sentimos y pensamos en relación a la situación dolorosa vivida nos ayuda a sobrellevarlo con más calma y menos angustia. La escritura es una muy buena terapia.Llevar una vida ordenada, sana y haciendo actividades que nos agraden, nos ayuda a superar esas dificultades con un cuerpo y una mente más fuertes.

Las cicatrices de la vida nos hacen más sabios.

La Visualización

Los ejercicios de visualización nos ayudan a trabajar con nuestro cuerpo en beneficio de nuestra salud. A través del entrenamiento en visualizaciones logramos disminuir el miedo y creamos una expectativa positiva, la cual nos ayuda a disminuir el miedo.

La visualización no sólo sirve para recuperar la salud, sino también para desarrollar la creatividad y la motivación.
Cuando creamos una imagen mental de lo que deseamos, construimos una imagen clara de lo que deseamos que suceda. Tras ejercicios repetitivos, esperamos que realmente ocurra. Con esa expectativa positiva, empezamos a actuar con el fin de lograr el resultado deseado. Yo me visualizo feliz y sin ansiedad, lo veo en mis imágenes. Siento esa felicidad y por tanto, actúo en consecuencia de esa felicidad que siento. Las circunstancias de mi alrededor se reordenan y finalmente soy feliz.
Te resultará más fácil hacer una visualización de una situación deseada futura si primero empiezas practicando con visualizaciones de imágenes reales.

Elige una foto de un paisaje que te haga sentir bien, un lugar donde hayas estado y te recuerde felices momentos. Siéntate cómodamente en una silla, cierra los ojos y trata de recuperar esa imágen. Trata de ver los colores, las formas de esa imágen. Incluso puedes visualizar sonidos, olores y sabores.
Se recomienda hacer los ejercicios de visualización al menos una vez al día, entre diez y quince minutos. Asegúrate antes de empezar que no tengas interrupciones externas.
No te preocupes si no puedes ver tus imágenes mentales, es un entrenamiento, con el tiempo podrás visualizarlo mejor.
Si sientes que tu mente se dispersa, vuelve tranquilamente a tus imágenes mentales sin preocuparte por ello. No te critiques por desviar tu atención, acepta que te has ido del ejercicio y vuelve de nuevo a esa imagen. Si sigues en esa falta de concentración, suspende el ejercicio y párate un momento a reflexionar sobre lo que te está sucediendo. Después vuelve al ejercicio. No te preocupes del éxito que hayas tenido. Con la práctica las imágenes serán cada vez más claras.

La Incertidumbre - parte de la vida

Una forma efectiva de aprender a ser más tolerante a la incertidumbre es empezar a actuar COMO SI fueras tolerante a la incertidumbre. Cambiando tus conductas, cambias tus sentimientos y tus pensamientos. Sentimientos, pensamientos y conducta están interconectados.

Haz una lista de conductas que haces para evitar la incertidumbre
Anota cuándo has sentido ansiedad, cúal es el contexto del momento, cuáles son los síntomas ansiosos y cuánto tiempo han durado. Añade a esa descripción, qué es lo que haces para reducir tu ansiedad, cuales son las conductas que realizas para evitar la incertidumbre.

- ¿Llamas a tus amigos y les pides consejo?
- ¿Haces muchas dobles verificaciones?
- ¿Buscas mucha información antes de tomar una decisión?
- ¿Aplazas las decisiones?
- ¿Evitas situaciones?

Ordena tus conductas
Ordena en una escala del 0 al 10 según la ansiedad que te puede producir las situaciones cuando no aplicas las conductas para evitar la incertidumbre. Por ejemplo, no verificar dos veces los materiales necesarios que te llevas por las mañanas al trabajo, o ir a ver una película sin pedir tener información y crítica detallada de ella, como sueles hacer.

Practicar tolerancia a la incertidumbre
Elige las conductas que puedes hacer para practicar la tolerancia a la incertidumbre, empieza por las que te producen menos ansiedad.

Inténtalo hacer al menos 3 veces por semana. Poco a poco practica con situaciones de incertidumbre cada vez más ansiosas a medida que vas logrando reducir la ansiedad.

Lleva un registro

Anota cuando actuaste como si fueras tolerante: qué hiciste, cómo te sentiste mientras lo hacías, qué sucedió; si no sucedió como planeaste, qué hiciste. Al llevar un registro de todo lo que haces con respecto a la incertidumbre te darás cuenta que con la práctica, encontrarás qué cosas que pensaste que serían difíciles, ahora ya no lo son

Recuerda qué sucedió

Cuando tú permites cierta incertidumbre en tu vida, algunas veces las cosas no salen como planeas. Anota qué hiciste para resolverlo. Por ejemplo, si fuiste al cine sin recomendaciones y la película resultó mala,

- ¿qué sucedió mientras estabas en el cine?
- ¿Te sentiste muy mal?
- ¿Pudiste volver a tu vida diaria sin ansiedad?
- ¿Aprovechaste para comentar a tus amigos la película y recomendarles no verla?

Cuando las cosas no salen como planeabas, no significa que fallaste. La mayor parte de la gente que es tolerante a la incertidumbre aprende que incluso si las cosas no suceden como deseaban, pueden manejar la situación.

Es importante darse cuenta que a pesar de intentar hacer algo que resulte seguro, las cosa no siempre funcionan. Evitar la incertidumbre requiere mucha energía y tiempo. Ser tolerante a la incertidumbre te ahorra ese desgaste de energía y te ayuda a afrontar las cosas cuando no salen como tenías previsto. Con la práctica, incluso llegarás a disfrutar de esa incertidumbre porque hará que tu vida sea más espontánea y divertida.

Potencia tus puntos positivos

La Psicología Positiva se basa en potenciar y desarrollar las fortalezas y virtudes personales para lograr la satisfacción emocional y el éxito en la vida. Las cinco fortalezas más representativas son: sabiduría y conocimiento, perseverancia, liderazgo, originalidad y espiritualidad. Fortalezas como el optimismo, la seguridad, la esperanza, la gratitud y la confianza resultan muy útiles en momentos difíciles. Otras importantes fortalezas son el altruismo, la amabilidad, la capacidad de aplazar la gratificación, la previsión del futuro, el sentido del humor, el valor, la objetividad, la integridad, la justicia y la lealtad.

Las personas optimistas tienden a interpretar que sus problemas son pasajeros, controlables y propios de una situación. Las personas pesimistas, sin embargo, creen que sus problemas durarán siempre, socavarán todo lo que hagan y no podrán controlarlos. Los pesimistas tienen muchas más probabilidades de deprimirse cuando se producen contratiempos y tienen peor salud física. El estado anímico positivo mueve a las personas a adoptar una forma de pensar creativa, tolerante, constructiva, generosa, relajada y lateral.

Las personas felices tienen mejores hábitos de salud, una menor tensión arterial y un sistema inmunológico más fuerte que las personas menos felices.

No esperes a cambiar tu actitud. Resalta lo que has hecho bien y no lo que está mal.Cuanto antes empieces, antes podrás cambiar tu forma de ver las cosas y disminuir tu ansiedad.

Te propongo 3 ejercicios que te ayudarán a cambiar hacia una actitud más optimista.

Empieza un diario de gratitud
Busca un cuaderno y escribe en él diariamente las cosas que te han sucedido por las que sientes gratitud. Puedes empezar agradeciendo poder darte una ducha o tomar el desayuno. Las cosas para agradecer pueden ser tanto a situaciones como a personas. Piensa en alguien a quien deberías agradecer, alguien que te ha ayudado o ha sido amable contigo. Pueden ser hechos sencillos de la vida diaria como la sonrisa de tu hijo o el abrazo de un amigo.

Trata de escribir al menos tres cosas para agradecer cada día durante una semana. Consulta tu diario cuando te sientas triste.

Escribe un diario de tus puntos positivos
La mayor parte de nosotros somos expertos en encontrar situaciones negativas, en focalizar nuestra atención en aquellas cosas que creemos que no hemos hecho bien. Ahora se trata de rememorar y centrarnos en las situaciones positivas. Cada día, escribe 3 cosas positivas del pasado y pregúntate, qué te sucedió, por qué sucedió, qué hiciste bien, cómo ayudaste a que sucediera, por qué hiciste eso. Focaliza tu energía mental en las cosas positivas.
Pueden ser 3 cosas del pasado o bien, 3 cosas que te han sucedido en el día. Practica este diario al menos una semana.

Disfruta de las experiencias, hazlas positivas
Podrás apreciar el simple placer de la vida. Elige una actividad diaria que te resulte poco placentera, aburrida, como podría ser tomar el metro para ir a trabajar todos los días. Ahora cuando tomes ese metro permite que tu mente se dé cuenta de estímulos visuales, olores y sensaciones físicas alrededor tuyo. Saborea esa experiencia como una experiencia nueva cada día. Cada día lo que tu veas y sientas será nuevo, diferente. Trata de estar abierto a esas sensaciones y enriquécete con ellas.

La exposición a los miedos

La exposición a los miedos significa ir a las situaciones que te producen miedo y ansiedad, poco a poco y repetidamente hasta que sientas menos ansiedad. La exposición no es peligrosa. Después de un tiempo, tu ansiedad disminuirá. Es importante trabajar metódicamente. Este no es un ejercicio fácil, si lo necesitas puedes apoyarte de una persona amiga que te acompañe en la exposición.

Haz una lista
Haz una lista de situaciones, lugares y objetos que te den miedo. Por ejemplo, miedo a los coches, miedo a los perros y miedo al agua. Para cada uno de los miedos identifica situaciones concretas, por ejemplo en el caso de miedos a los coches: miedo a conducir, miedo a ser atropellado por un coche, miedo a subir a un coche.

Puntúa tus miedos y ordénalos
Puntúa esos miedos de la lista, donde el menos miedoso sería 1 hasta el más miedoso que sería 10. Siguiendo el mismo ejemplo anterior, podría ser una puntuación de 2 miedo a subir a un coche, 5 miedo a ser atropellado y 7 miedo a conducir. Empieza por el miedo a subir a un coche que es el que menos ansiedad te produce.
Para cada uno de los miedos, crea una serie de pasos previos necesarios para lograr superar ese miedo. En el ejemplo de miedo a subir a un coche, los pasos podrían ser tres. Primero subir a un coche aparcado, después, subir a un coche con el motor en marcha y finalmente, subir a un coche y pasear durante unos minutos.

La exposición
- Planea bien los ejercicios de exposición, te sentirás más en control de la situación. Identifica lo qué vas a hacer y dónde. Observa el nivel de ansiedad antes y después de encarar la situación.
- Empieza con la situación que causa menos ansiedad, ponla en práctica repetidamente hasta lograr que baje

44

la ansiedad. Siguiendo el ejemplo anterior, monta en un coche aparcado todos los días durante unos minutos.

- Permanece en esa situación el tiempo que puedas hasta que logres bajar la ansiedad y sea tolerable.
- Pasa a la siguiente situación de la lista cuando veas que has logrado superar la situación. Siguiendo nuestro ejemplo, sube a un coche aparcado y con el motor en marcha y realiza el mismo proceso anterior hasta que disminuya la ansiedad. Ten paciencia y tomate tu tiempo. Ve a tu ritmo.

Practica

- Practica regularmente. Cuanto más practiques, más rápido los miedos se disiparán.
- Trabaja las exposiciones de vez en cuando, para que tus miedos no vuelvan.
- Vuelve a puntuar tu lista de los miedos una vez cada tanto; de ese modo podrás ver el progreso que has hecho.

Recompensa tus conductas valientes

- Recompénsate cuando logres afrontar los miedos.
- Dite a ti mismo **"LO LOGRÉ"**.
- No te desanimes si tus miedos vuelven. En situaciones de mucho estrés, los miedos pueden volver. No te desanimes, es normal. Retoma las pautas de exposición durante un tiempo. Combatir la ansiedad es un largo proceso.

Encontrará el formulario en la página 69

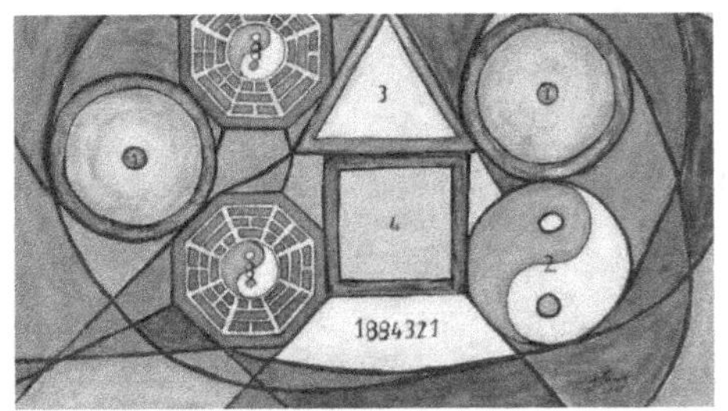

Diez pasos fundamentales a seguir

1. Ocúpate de tu salud

Trata de dormir regularmente - La calidad del sueño es tan importante como la cantidad de horas que se duerme. Una buena higiene del sueño te ayudará a tener una jornada con tranquilidad, energía, buen humor y concentración.

- Trata de dormir en una habitación confortable, poco calefaccionada y oscura.
- No debe de haber aparatos electrónicos en la habitación.
- La última comida debe ser como mínimo dos horas antes de acostarse.
- Trata de acostarte y levantarte siempre a la misma hora.
- Haz unos ejercicios de relajación antes de dormir.
- Evita bebidas estimulantes por la tarde y noche.

Después de un sueño reparador, podrás afrontar el nuevo día con más energía y mejor humor.

Lleva una alimentación equilibrada - Cuanto más débil esté tu organismo más vulnerable estará ante una situación de estrés. Cuida tu dieta, ella te ayudará a recibir mejor los impactos psicoemocionales.

- Trata de llevar una alimentación equilibrada donde no falten las legumbres, cereales, verduras y frutas, además de carne y/o pescado.
- La cocción al vapor, hervido, al horno y plancha (sin quemar) pueden ser buenas opciones, evita las frituras.

- Evita los alimentos muy procesados. Evita embutidos y carnes procesadas.
- No comas aceleradamente y mastica bien los alimentos.
- Evita o toma con moderación sal, azúcar, café y alcohol.
- Preferiblemente cinco ingestas diarias no excesivas.

Haz ejercicio con cierta intensidad al menos tres días por semana - El sedentarismo genera estancamiento de energía, decaimiento, obesidad, problemas circulatorios…
La actividad física incrementa nuestra fuerza vital. Cuando realizamos una actividad física liberamos endorfinas, estas sustancias nos producen una sensación de bienestar.

- Practica el deporte que más vaya con tus intereses, horarios, gustos, proximidad a tu casa. Trata de facilitarte las cosas para poder cumplir regularmente.
- Al menos debes ejercitar esta actividad dos veces a la semana durante una hora.
- La caminata regular en medio de la naturaleza, montaña o mar, o en un parque en tu ciudad, es muy beneficioso.
- Cuando realices la actividad, concéntrate en ella, en tu respiración. Aleja los pensamientos obsesivos y preocupantes, una buena música puede ayudarte.

Relaja tu cuerpo y mente - Nuestro organismo necesita estar relajado para poder recuperarse de situaciones que producen estrés. Cuando sentimos miedo nuestro cuerpo se tensa, podemos padecer dolores de cabeza, dolores musculares, dolores abdominales…

- Realiza unos ejercicios de relajación durante 15 min todas las mañanas antes de empezar el día.
- Visualízate llevando adelante tu jornada con optimismo.
- Ante los primeros síntomas de ansiedad, realiza unos ejercicios de respiración abdominal.
- Practica si es posible, dos o tres veces por semana, una actividad psicofísica suave como yoga, tai-chi, meditación. Si puedes, acude a un centro especialista.

2. Controla tus pensamientos negativos

Los pensamientos recurrentes, negativos e incontrolables pueden ser provocadores de estrés y de ansiedad. No es tarea fácil controlar esos pensamientos. Pero entrenarse en ello bien merece la pena. Una forma es desviar los pensamientos en otro lugar diametralmente opuesto. Focalizar la mente en una imagen visual agradable, por ejemplo.

Piensa en una imagen que te haga sentir bien, que te produzca calma. Puede ser un día de verano en la playa o en la montaña, o aquello que te relaje y te dé paz. Cierra los ojos y visualiza esa imagen detenidamente, como si la tuvieras que describir a alguien. Esa será tu imagen, guárdala bien en tu memoria.

Cuando sientas la ansiedad, concéntrate en esa imagen que creaste. Quédate en esa imagen y respira profundamente, hasta que vuelvas a recuperar la calma.

En momentos de paz, entrénate en la percepción de lo que te rodea, un olor, una música, el viento. Aprecia lo que te rodea y vívelo en el presente. Cuando seas consciente de esos pensamientos negativos, presta atención a tu alrededor, a pequeños detalles agradables que la naturaleza te regala.

También te puede ayudar crear una imagen que simbolice tu lucha contra la ansiedad. Por ejemplo, estas montando a caballo y con una lanza combates a tus pequeños enemigos, los pensamientos obsesivos. Haz un dibujo de esa imagen. Usa esa imagen de combate cuando te vengan esas ideas negativas y no las puedas detener.

No vas a poder controlar los pensamientos diciendo no voy a pensarlos más, o al menos, lo vas a tener difícil. Pero sí será más probable si sustituyes esos pensamientos por otros, desde imágenes visuales, prestando atención a los que tus sentidos sientes en ese preciso momento observando tu alrededor, realizar una actividad intelectual o física. No se trata de dejar de pensar sino de sustituir los pensamientos por otros.

3. Identifica los pensamientos negativos y ponlos a prueba

Cuando estamos afectados por la ansiedad, los razonamientos siguen un patrón de pensamiento erróneo contaminados por el miedo. Pon a prueba esos pensamientos como si fueran hipótesis que un científico tiene que analizar.

- Identifica los pensamientos negativos y anótalos en un cuaderno. Sé lo más detallista posible en la descripción.
- Trata esos pensamientos como hipótesis y no como hechos.
- Pregúntate:
  - ¿Cuál es la evidencia de que ese pensamiento es cierto?,
  - ¿Hay otra forma de ver más realista y positiva?
  - ¿Es de ayuda ese pensamiento?
  - ¿Me puede dañar?
  - ¿Qué le diría a un amigo que tuviera ese pensamiento?

Lleva contigo siempre ese cuaderno. Si anotas inmediatamente el pensamiento que te produce ansiedad, mejor podrás analizarlo.

Tras este análisis podrás darte cuenta de la baja probabilidad de que esos pensamientos anticipatorios, recurrentes y negativos están basados en poca probabilidad de ocurrencia y de que si ocurrieran la situación no sería tan grave cómo nos imaginamos.

4. Toma conciencia cómo los otros te afectan

Las emociones son contagiosas. Emociones como la risa, en un teatro, o el pánico, ante una situación de alarma, son dos ejemplos comunes.

- Empieza a registrar qué personas de las que te rodean, un familiar, un amigo, un compañero, te pueden afectar de tal modo, que después de estar con ellas, te sientes más ansioso.
- En ese caso, toma distancia y trata de mantenerlas fuera de tu círculo cotidiano, en la medida de lo posible, o bien, reduce el tiempo de relación con esas personas.
- Relaciónate con personas que te puedan aportar una perspectiva más equilibrada y con las que puedas analizar tus miedos más serenamente.
- Rodéate de gente entusiasta, optimista y alegre, su buen humor te contagiará y relativizará tus preocupaciones.

5. Potencia tu creatividad

Cuando creamos algo, expresamos nuestras emociones. La creatividad nos ayuda a expresar también esas emociones bloqueadas que no logramos liberar.

Al crear algo, un dibujo, una escultura o una prenda de vestir, descubrirás que a veces no sale como pensabas pero aprenderás a aceptarlo y continuar intentándolo. Empezarás a tener más confianza en tomar decisiones en tu vida diaria. Lo importante es el proceso creativo y no el resultado, es esencial que lo tengas presente para que no te genere ansiedad si el resultado no es lo que pretendías.

Cuando estés trabajando en tu creación aprenderás a focalizar en lo que estás haciendo, concentrándote y aparcando ideas preocupantes. De algún modo, es como un ejercicio de meditación, donde se focaliza los pensamientos donde tu decides que estén.

6. Aprende a vivir con la incertidumbre

La incertidumbre es el principal desencadenante de la ansiedad. Casi nada en la vida es cien por cien seguro. Se trata de aprender a manejar esa incertidumbre en cada decisión que tomamos, en las cosas de la vida en general. Cambia tu forma de actuar, como si estuvieras bien con esa incertidumbre, en aquellas situaciones que te producen más ansiedad. Anota cómo te sentiste, si fue más duro o más fácil de lo que pensabas. Practicando verás cómo ciertas cosas que antes te resultaban difíciles, ahora son mucho más fáciles. Cambiando tu conducta podrás cambiar tus pensamientos y tus emociones.

7. Reflexiona sobre las creencias

Anota tus creencias a medida que tomes conciencia de ellas. Las creencias son las ideas que tenemos heredadas la mayoría por la cultura en la que vivimos, por nuestra familia y entorno y también, por creaciones nuestras.

Aquí te muestro algunos ejemplos de creencias: mi preocupación, mi miedo por lo que pueda pasarle a los otros, demuestran que soy una persona que se ocupa de los demás; la preocupación me ayuda a estar preparado y resolver problemas; la preocupación me motiva a hacer bien las cosas; al preocuparme me anticipo a posibles situaciones que me puedan producir dolor.

Puedes ser una persona cuidadora, resolutiva, organizada sin preocuparte todo el tiempo.

Una vez hayas detectado tus creencias y las hayas analizado, podrás empezar a cambiarlas y aprender nuevas habilidades para controlar tus preocupaciones, tus miedos.

8. Potencia tus fortalezas

Reconoce tus fortalezas. Lleva un registro de aquellas cosas que han funcionado bien porque tú has hecho que funcionaran bien. No permitas que la autoexigencia y una baja autoestima no te dejen ver que tienes también muchos puntos buenos y merece la pena trabajarlos.

La mirada de análisis que se te pide en todas estas lecciones no es solamente para aquellas cosas que debes cambiar sino también para las cosas buenas que no debes perder. Reconocer los valores de ti mismo te ayudará a ser más optimista y esperanzador y ello a su vez, a confiar más en ti y sentirte fuerte para nuevas situaciones difíciles que puedan surgir.

9. Recompénsate

Mímate. Un mimo puede ser cualquier detalle que sea especial para ti, comprar una ropa, dar un paseo, tomarte un tiempo de descanso, por ejemplo. Al igual que cuidas y recompensas a los tuyos por lo que hacen, tus hijos o otros familiares y amigos, también tú mereces ser recompensado después de un esfuerzo por lograr un objetivo. Cuidándote a ti podrás sentirte más lleno y mejor podrás cuidar de los otros.

Si tu nivel emocional de amor y cariño está muy bajo, difícilmente podrás ofrecerlo a los demás. Quiérete y después podrás querer.

10. Aceptar

- Aceptar que las situaciones dolorosas probablemente no se pueden cambiar, que son una realidad, te ayudará a poder sobrellevarlas y seguir con tu vida diaria sin derrumbarte.
- Aceptar que no eres perfecto y que como todo el mundo, puedes cometer errores. Aceptar esto te ayudará a sentirte mejor contigo mismo y a disfrutar de pequeñas cosas del día a día.
- Aceptar la ayuda que los demás te ofrecen, no solo te servirá para poder recuperarte sino que además, les darás la oportunidad a los otros de ser útiles en tu necesidad o en tu dolor.

- Aceptar la incertidumbre de lo que puede acontecer, es aceptar que somos seres humanos con un futuro que no está escrito, con un futuro en que tu puedes dibujar tus líneas cuando asumes la responsabilidad de vivir.
- Aceptar tus fortalezas y tus debilidades, asumir lo que uno es, con todo, te ayudará a mejorar, crecer y prepararte para futuras adversidades.

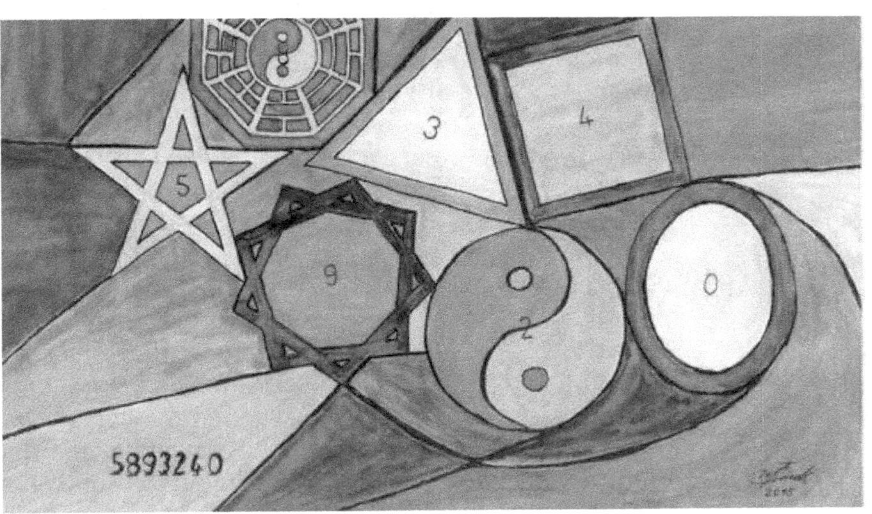

Desarrolla la creatividad

Producir algo utilizando la mente y las manos es beneficioso. Nos conecta con nosotros mismos y con nuestro entorno y ofrece la profunda satisfacción de lograrlo.
Los procesos creativos facilitan el conocimiento y la curación, conecta nuestro yo mental con nuestro yo físico. Produce satisfacción y sentido a nuestras vidas. Hay una gran conexión entre la disminución del estrés y usar las manos para crear. De modo que, al crear, **REDUCIMOS LA ANSIEDAD**.

- La actividad creativa no puede depender de un patrón, es libertad en la creación. La creatividad nos ayuda a **EXPRESARNOS**. Cuando construimos algo, incluso imperfecto y especialmente imperfecto, estamos realmente expresando tal como somos, lo cual nos ayuda a aliviar nuestra ansiedad.

- Desarrollar la creatividad te puede aportar más CONCIENCIA DE TÍ: pintando o haciendo cualquier otro trabajo creativo utilizando la imaginación, evocas pensamientos, sentimientos y conductas que te bloquean cotidianamente. Te permite darte cuenta de cómo tomas decisiones. Cuando creamos sin ideas preconcebidas y aceptamos los resultados, nos dejamos ir, no tenemos miedo de equivocarnos, porque equivocarse está permitido. La práctica de la creatividad te ayudará a conocerte y a tomar en forma más sabia, tus decisiones.

- Con la práctica de la creatividad te vuelves más RESILIENTE, más fuerte: cuando creas, puedes encontrar que quizás algo que intentas no sale como tenías previsto. Aprendes a aceptar esto y simplemente continúas el proceso. Continúas e intentas hacer lo mejor. Con la práctica, descubrirás que cuando las cosas en tu vida no van como planeabas o cuando has cometido un error, podrás recuperarte más fácilmente y seguir adelante.

> Aceptarás el fracaso, esto te enseñará para la próxima vez.
- Trabajando la creatividad experimentas CALMA, tranquilidad y sensación de lo bien hecho. Algunos tipos de trabajos creativos te ponen en estado meditativo, focalizas en lo que estás haciendo y vives el momento presente, el trabajo. Al menos durante el proceso, puedes lograr detener los pensamientos recurrentes que te producen ansiedad.

Antes de decidir qué actividad creativa vas a desarrollar, puede que necesites probar varias. En algunas te sentirás más cómoda que con otras. Jardinería, crochet, carpintería, pintura, dibujo, media, cerámica… son algunos ejemplos. Toma tu tiempo para definir cuál va más contigo. Y quizás con el tiempo prefieras probar una nueva. No es importante cuál realizas, sino en cuál te sientes mejor.

Es muy importante tener en cuenta de que se trata de centrarse en el PROCESO y no en el resultado de la creación. Disfruta ese tiempo creando sin exigirte un buen resultado.

Recuerda: **no tiene que ser perfecto**

Ejercicios y actividades

Aquí te propongo una serie de actividades complementarias que te pueden beneficiar en tu salud emocional. Elige aquellos que sean más acordes con tus preferencias y tus posibilidades. Incluso puedes practicar varias, todo suma.
Intenta ser ordenado/a en tu entrenamiento, haz cada día la tarea de los ejercicios que te he propuesto anteriormente y complementa con alguna de las actividades que te propongo ahora.

Cuando constates que has logrado manejar la ansiedad y ya forme parte de tu pasado, retoma de vez en cuando algunas de las pautas y aplícalas. Te servirá como refresco de la memoria y te ayudará a estar mejor preparado para futuras situaciones difíciles que la vida te pueda presentar.

La música

Se ha demostrado que escuchar música puede llegar a ser más efectivo que tomar medicamentos para reducir el nivel de ansiedad ante situaciones de estrés. Oír y tocar música incrementa la producción del anticuerpo inmunoglobulina A que nos protege ante virus y bacterias, y también incrementa el nivel de linfocitos que regulan la respuesta inmunitaria adaptativa. Es decir, nuestro sistema inmunológico nos protege. La música también reduce los niveles de la hormona del estrés, el cortisol. Esta es una de las razones por las cuales la música está asociada a la relajación.

La música que nos es familiar, como esa música que oíamos de pequeño en nuestro hogar o el canto de nuestra madre, puede ser reconfortante y tranquilizante.

La música como medio de expresión emocional o corporal nos permite definirnos como seres humanos en un nivel superior, artístico y creativo.

Es importante elegir bien el tipo de música. Sin ninguna duda una música relajante es más probable que nos ayude a calmarnos o a concentrarnos en nuestra actividad que una música con ritmo y por el contrario, una música rítmica nos inspirará a mover nuestro cuerpo.

Cada uno de nosotros tiene sus sensibilidades y preferencias, busca la música que vaya más acorde contigo en cada uno de los estados emocionales en los que te encuentras.

El teatro

A través del teatro juegas a representar un rol con el que sales de ti mismo para ser ese otro. Es una forma muy efectiva de aprender a conocerse uno mismo. También es una actividad que permite la expresión corporal y emocional. Además mejorarás tu expresión comunicativa.

Una clase de teatro es un buen espacio para trabajar tu atención, durante ese tiempo te olvidas de tus problemas y te concentras en la actuación. Se trabajan las relaciones entre los alumnos como personajes de una historia donde las emociones, pensamientos y miedos se proyectan en la actuación. Es una opción que puede ser muy beneficiosa para tu camino al bienestar.

Busca alguna escuela de teatro cerca de tu vivienda y empieza a actuar. No es importante si eres bueno actuando, el objetivo no es lograr ser un actor o una actriz.

Y no olvides divertirte.

El arte

El arte es un gran aliado para combatir la ansiedad. Visitar museos, asistir a obras de teatro o a conciertos, tiene resultados muy beneficiosos para la salud mental, nos ayuda a sentirnos menos ansiosos. Contemplar el arte nos ayuda a conocernos un poco más y a controlar nuestras emociones negativas. Son lugares donde nos inducen a parar por un momento nuestro estrés, cavilaciones y ajetreo de la vida diaria y nos relaja.

No es necesario que visites el museo más importante de tu ciudad. Si no dispones de tiempo o dinero, pequeñas obras de arte de autores no conocidos, también son beneficiosas. Incluso la obra de teatro que se representará en tu barrio por un grupo amateur puede ser interesante.

Si por alguna razón no puedes salir de casa, puedes disfrutar del arte a través de internet, visualizando importantes obras de arte, disfrutando de conciertos o incluso de obras de teatro que se encuentran en la red.

El baile

Se ha demostrado en importantes estudios que a través del baile se regula el estrés, disminuyen los niveles de dopamina y aumentan los niveles de serotonina.
Cuando bailamos, obtenemos los beneficios de la actividad física, mejorar la respiración , el sistema circulatorio y óseo, y además también nos beneficiamos a nivel psicológico y emocional.

Bailar nos ayuda a conectar con nosotros mismos y a expresar emociones que solemos reprimir, como la ira y el miedo. Bailar nos permite expresarnos de forma creativa.
Bailar nos conecta con los demás, como puede ser a través de una clase de baile o en un salón de baile. Es una buena práctica para superar el miedo al ridículo y aumentar la confianza en uno mismo.

Si por alguna razón no puedes asistir a clases de baile, no te preocupes. Pon una música que te guste y empieza a bailar. Déjate llevar por lo que sientes, improvisa y crea libremente movimientos de cualquier parte de tu cuerpo.

Manualidades

Cómo ya te he comentado en el capítulo de La creatividad, desarrollar la parte creativa de cada uno aporta grandes beneficios y muy especialmente para quienes sufren de ansiedad.

La pintura, el dibujo, tejer, coser, cocinar, cuidar de un jardín, bricolaje, etc, son actividades donde podemos poner nuestra imaginación al servicio de la obra que creamos. Lo importante es el proceso de creación y no el resultado. No debe haber juicios de valor, si es bueno el dibujo o no. Las ventajas terapéuticas están en el camino de construcción, ese tiempo en el que estoy dibujando.

No dudes de tus cualidades creativas, todos las tenemos. Se trata de descubrirlas.

Escribir un diario

Cuanto más sepas de ti mismo, mejor podrás manejar la depresión y la ansiedad y un diario puede ser una herramienta poderosa.

En el proceso de escribir el diario, a menudo encontramos la solución a nuestros problemas o nos damos cuenta que el problema no es tan grave como parecía. El diario además de darte la posibilidad de reflexionar sobre lo que te haya acontecido durante el día, también te anima a desarrollarte creativamente y aprender a expresar tus emociones, diferenciándolas unas de otras. Además, puede ser un lugar donde expreses gratitud por las cosas buenas que te hayan ocurrido.

Antes de irte a dormir puede ser el momento ideal, suele ser el más tranquilo y además te permite escribir sobre lo que ha sucedido durante el día. Aunque el diario es una herramienta confidencial e íntima, puedes compartirlo si lo deseas.

Escribir tus pensamientos y sentimientos suele ser difícil al principio. Pero con la práctica vas a ir adquiriendo habilidad. Si te encuentras delante de él y te quedas en blanco sin saber qué escribir, empieza describiendo lo que has hecho durante el día y poco a poco saldrán esas emociones y pensamientos que pasaron por tu mente.

Respirar

La respiración es un proceso *vital*, sin el cual en apenas unos minutos dejamos de vivir. Siendo la actividad primera y más importante para sobrevivir, curiosamente no nos han educado para poder respirar bien. La mayor parte de nosotros, respiramos incorrectamente y muy especialmente, en situaciones de estrés.

Cuando estamos en una crisis de ansiedad, la respiración es más corta, rápida y superficial, es decir, hiperventilamos, ello produce una acumulación excesiva de oxígeno en los pulmones y como resultado sentimos sofoco, dolor en el pecho, mareo o vértigo.

Un buen entrenamiento en respiración diafragmática o abdominal te preparará para hacer frente a un ataque de ansiedad. Cuando regulamos el ritmo respiratorio, aportamos mayor cantidad de oxígeno al cerebro y a las células, y no se queda acumulado en el pecho.
Con la respiración diafragmática, el diafragma baja y aumentamos la capacidad pulmonar, garantizando una mayor ventilación.

Para la práctica de la respiración diafragmática es importante no forzar. Debe practicarse desde la calma y debe resultar agradable. La meta es: tomar el nivel de oxígeno y no expulsar el CO_2 demasiado rápido.Se trata de respirar calmadamente y lentamente, en forma regular. Aquí te explico los pasos a seguir:

Paso 1
Busca un lugar donde empezar el ejercicio, preferible en una silla, porque te ayudará a incrementar la capacidad de tus pulmones para llenarlos de aire. Pero también podrás hacer la práctica acostado en el suelo sobre una esterilla, boca arriba. Los hombros deben estar relajados, fíjate que no estén levantados, para ello te ayudará si los brazos están apoyados en los brazos de la silla o sobre las piernas. Al principio no intentes controlar la respiración, ni trates de hacerla más lenta. Si te vienen otros pensamientos, trata de no prestarles atención y vuelve a tu respiración.

Paso 2

Es importante respirar por la nariz. Asegúrate antes de que no haya nada que te dificulte o impida respirar por la nariz, que no tengas que recurrir a la boca.

Coloca una mano encima de tu pecho y la otra encima de tu abdomen.

Trata de expulsar todo el aire de tus pulmones para vaciar el aire residual, provocando automáticamente la necesidad de hacer una gran inspiración, un buen suspiro te puede ayudar. Ahora empieza a respirar calmadamente.

Al inspirar la mano inferior, la que está sobre el abdomen, tiene que subir, y en cada exhalación, tiene que bajar. Imagina que tu abdomen es un globo y con cada inspiración se infla, y con cada espiración, se desinfla. La mano superior, la que está sobre el pecho, no debe apenas moverse, en la medida de lo posible. Practica durante unos minutos esa respiración fijándote en los movimientos de las manos.

Al principio es difícil, no te desanimes. Generalmente, cuando queremos hacer una gran inhalación, inspiración, solemos subir el pecho y esconder el abdomen. Eso es justamente lo opuesto a como se debe hacer. Cambiar esa reacción instintiva, lleva su tiempo. Con la práctica lo lograrás.

Paso 3

El objetivo ahora es hacer unos 6-8 ciclos de inspiración-espiración por minuto, o el ritmo en el que te encuentres más cómodo. No se trata de cronometrar, esto es orientativo. Inspirar calmadamente en 3 tiempos, retén el aire durante 1 o 2 tiempos, expirar lentamente otros 3 tiempos y retén durante 1 o 2 tiempos.

INSPIRA 3 → RETÉN 1-2 → EXPIRA 3 → RETÉN 1-2

Recuerda que los hombros no deben subir, están relajados y que el pecho apenas no se mueve, es el abdomen que sube y baja. Al principio puede que estés agobiado por este control de la respiración. Puede que incluso te genere ansiedad el ejercicio. En ese caso, para, relájate y vuelve a intentarlo más adelante. La reeducación de la respiración debe realizarse de forma gradual y permisiva para no sentir esas molestias. Practicada cada día, al menos dos veces por día, durante 5 A 10 minutos.

Último capítulo

A través de los diferentes capítulos te hemos mostrado qué es la ansiedad y te hemos ofrecido una gran variedad de estrategias y ejercicios prácticos para que puedas aprender a manejar y superar la ansiedad. Qué estrategias poner en práctica y entrenarte, lo decides tú.

Elige todas aquellas que te puedan ayudar de algún modo, ninguna te puede perjudicar, cuantas más mejor. Establece tu propio ritmo de aprendizaje, pero para evitar la tentación de la comodidad, preferiblemente y en la medida de lo posible, trata de trabajar todos los días.

No es una tarea fácil aprender a manejar la ansiedad, implica dedicación de tiempo y energía y muchas veces desgaste emocional porque se movilizan sentimientos y recuerdos a veces demasiado olvidados. Pero lograr manejar la ansiedad bien merece ese esfuerzo, y nadie mejor que tú lo sabe.

Intenta ser ordenado en tu entrenamiento, haz cada día la tarea de los ejercicios propuestos. Cuando constates que has logrado manejar la ansiedad y que ya forme parte de tu pasado, retoma de vez en cuando algunas de las pautas y aplícalas. Te servirá como refresco de la memoria y te ayudará a estar mejor preparado para futuras situaciones difíciles que la vida te pueda presentar.

Si consideras que necesitas ayuda externa, no dudes en buscar un buen profesional.

Espero que hayas disfrutado con este libro. Ha sido elaborado para que sea práctico y fácil de entender. Se recomienda volverlo a leer para que aquellos conceptos que puedan ser nuevos, sean más entendibles.

Muy importante: Registrar los pequeños logros. Ellos serán el motor necesario para seguir tu camino hacia tu bienestar.

Sé paciente y entrénate!!

Bonus

Los 10 tips ante un ataque de ansiedad

Tip 1: Concéntrate en la inhalación y en la exhalación
La respiración profunda te ayudará a calmarte. Es importante entrenarse en técnicas de respiración abdominal, pero si aún no dominas la respiración abdominal, no te preocupes. Céntrate por igual en la inhalación y la exhalación. Esto te ayudará a relajarte.

Tip 2: Elige 5 cosas que veas a tu alrededor y descríbelas. Elige 5 sonidos que estés escuchando y mueve 5 partes de tu cuerpo.
Con este truco podrás tener a tu mente ocupada y alejada de esos pensamientos desencadenantes que te llevan a la ansiedad. Y al mismo tiempo, la mente estará concentrada. Es un excelente ejercicio para estar en el momento presente.

Tip 3: Ponte de pie o sentado pero con los hombros atrás y pecho abierto.
Cuando estamos ansiosos, corporalmente nos encorvamos hacia dentro, protegiendo nuestro cuerpo. Ahora debes buscar la postura opuesta para que tu cuerpo pierda rigidez y se pueda relajar. Empuja tus hombros hacia atrás, permanece de pie o bien, sentado con los pies separados, y abre tu pecho.

Tip 4: Vuelve al presente, observa y di en voz alta:
"Estoy teniendo un ataque de pánico, pero es inofensivo, es temporal, y no me estoy enfermando"."Los síntomas que experimento son causados por la ansiedad".
Vuelve a observar qué está sucediendo. Puede que sientas palpitaciones, taquicardia, dolor abdominal, dolor muscular, mareo, náuseas, sudoración, dolor de cabeza, entre otros síntomas. Los ataques de pánico pueden llegar a hacerte creer que estás teniendo un ataque de corazón o que te estás ahogando. Son síntomas originados por la ansiedad y no por problemas físicos. El miedo al ataque de ansiedad produce más ansiedad incrementando los síntomas. Es importante lograr calmarse y aceptar los síntomas, así nuestro miedo disminuirá y también la ansiedad.
Di en voz alta: "Estoy teniendo un ataque de pánico, pero es inofensivo, es temporal, y no me estoy enfermando". "Los síntomas que experimento son causados por la ansiedad"

Tip 5: Pregúntate:
¿Qué está sucediendo ahora?
¿Estoy a salvo?
¿Hay algo que necesite hacer ahora mismo?
En lugar de preocuparte sobre qué va a suceder, vuelve al presente, al momento.
Pregúntate de nuevo: ¿Qué está sucediendo ahora?, ¿Estoy a salvo?, ¿Hay algo que necesite hacer ahora mismo? Proponte un tiempo más tarde en el día para revisar tus preocupaciones y poder averiguar cuáles son esos pensamientos desencadenantes de ansiedad.

Tip 6: Revisa tus discurso interno:
Reformula tus propias palabras, en lugar de decirte "Estoy tan nervioso que voy a estallar", di: "Estoy nervioso pero pronto pasará". En lugar de decir: "Todo puede salir mal", di: "Algunas cosas pueden salir mal, y nada grave pasará". Cambiando las palabras, cambias tu mente. Cambiando tu mente, cambias tus emociones.

Tip 7: Haz algo diferente:
Si estás de pie, siéntate. Si estás sentado, ponte de pie. O bien, desplázate. Sal a caminar, ordena un armario, observa por la ventana…
Cualquier acción que interrumpa la concatenación de tus pensamientos, te ayudará a controlar tu estado.

Tip 8: Permanece lejos del azúcar, bebe un vaso de agua.
Cuando estamos estresado, podemos tener impulsos por comer cosas que contienen mucha azúcar, pero el azúcar puede causar más daño que bien. En vez de lanzarte a cualquier cosa dulce que encuentres a tu alrededor, bebe un vaso de agua.

Tip 9: Contacta con alguien o escribe los pensamientos.
Contacta con algún amigo o con un familiar y cuéntale tus preocupaciones. Decirlo en voz alta a alguien puede ayudar a ver los pensamientos desencadenantes. También te puede ayudar escribir tus miedos en un cuaderno.

Tip 10: Reír, ponte un programa de humor o lee chistes simpáticos. La risa es un buen recurso. Deja preparado tu humorista favorito o el programa más divertido de TV. Reír es un buen ejercicio para la ansiedad. Reír aporta muchos beneficios para nuestra salud emocional, en general.

Test de Ansiedad

Una buena manera de saber si avanzas o no en tu entrenamiento para superar la ansiedad es hacer un test de ansiedad con el que podrás saber cuál es tu nivel.

Aquí te presento un test con el que podrás saber cómo evoluciona tu nivel de ansiedad. Los resultados del test son orientativos. Si lo que necesitas es un diagnóstico definitivo, debes acudir a un especialista, psicólogo o psiquiatra, quienes además de la aplicación de tests tendrás también una entrevista personalizada.

Te recomiendo que hagas el test en varias ocasiones a lo largo de este proceso, para poder ver tu evolución. No te llevará mucho tiempo y es sencillo de responder. Es importante que cuando lo hagas no tengas interrupciones y que nada te distraiga.

Entra en este enlace https://web.samebi.net/kwy y podrás acceder fácilmente al test. Sigue las instrucciones del test.

Notas

Formulario exposición al los miedos

Miedo: (ej: miedo a los coches)

Fecha:

Ejercicio de exposición:

¿Qué miedo estoy encarando?
(estar sentado en un coche aparcado)

Puntuación del miedo, del 1 al 10

1 = No miedo - 10 = Miedo extremo

Empezó: (ej: 6)

Terminó: (ej: 3)

Tiempo de exposición:
(ej: 15 Minutos)

Formulario exposición al los miedos

Miedo: (ej: miedo a los coches)

Fecha:

Ejercicio de exposición:

¿Qué miedo estoy encarando?
(estar sentado en un coche aparcado)

Puntuación del miedo, del 1 al 10

1 = No miedo - 10 = Miedo extremo

Empezó: (ej: 6)

Terminó: (ej: 3)

Tiempo de exposición:
(ej: 15 Minutos)